UNWRITTEN LETTERS

Also by Ilene Segalove

List Your Self
(with Paul Bob Velick)

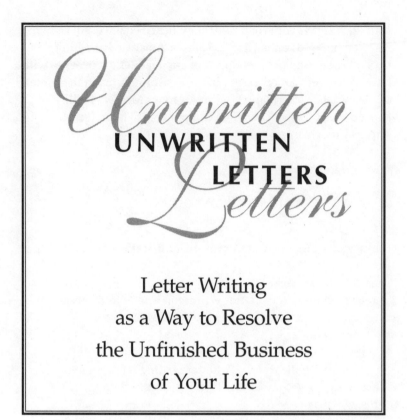

UNWRITTEN LETTERS

Letter Writing
as a Way to Resolve
the Unfinished Business
of Your Life

ILENE SEGALOVE

Andrews McMeel
Publishing
Kansas City

www.andrewsmcmeel.com

98 99 00 01/RDH 10 9 8 7 6 5 4 3 2 1

Library of Congress Cataloging-in-Publication Data

Segalove, Ilene, 1950–
    Unwritten letters : letter writing as a way to resolve the
unfinished business of your life / Ilene Segalove.
        p.   cm.
    ISBN 0-8362-5425-2 (hardcover)
    1. Self-actualization.   2. Letter writing—Psychological
aspects.   3. Catharsis.   I. Title.
    BF637.S4S44   1998
    158.1—dc21   97-39092
                                                          CIP

———————— ATTENTION: SCHOOLS AND BUSINESSES ————————

Andrews McMeel books are available at quantity discounts with
bulk purchase for educational, business, or sales promotional use.
For information, please write to: Special Sales Department,
Andrews McMeel Publishing, 4520 Main Street, Kansas City,
Missouri 64111.

Dedication

This book is dedicated to my friends, and all of the muses, real or imagined, that pulled the many letters I've written out of me and onto the page. They have inspired me to face my best and my worst. I also want to acknowledge the toothy page as the always reliable vessel for my ramblings and rantings, and the powerful pen, my steady weapon that cuts through illusion and leaves a bit of truth in its wake. In the process of spelling it out and putting it down, I've discovered what could not have been seen or known otherwise; a richness, depth, and truth that lives, often hidden, inside all of us.

To Mr. Munitz and Miss Murphy, who made me write inside the lines and to Mr. Suter and Mr. McCutchen, who encouraged me to step outside and see what was. And to Gareth and Chris, who knew this was important. Thank you.

Contents

Introduction   1

Guidelines for Writing Your Letters   12
     How to Start   13
     Your Master Laundry List   14
     How to Write Your Letters   18
     Don't Forget   19

Hello: *Letters of Greeting and Connection*   21

Thank You: *Letters of Acknowledgment and Gratitude*   47

Anger: *Letters of Rage and Confrontation*   81

Disappointment: *Letters of Sadness and Loss*   117

Confession: *Letters of Admission and Catharsis*   147

Apology: *Letters of Pardon and Regret*   185

Forgiveness: *Letters of Compassion and Release*   215

Guidance: *Letters Asking for Direction and Clarification*   241

Good-bye: *Letters of Completion and Resolution*   271

Acknowledgments

When developing the idea for this book, I asked a number of close friends to write letters to anyone they felt they needed to finish some business with. I left it open as to what "business" meant and suggested they spend some time discovering who their recipient was. I wondered how they might respond to such a vague and yet intimate request.

And then the letters poured in. I sat with each one and read them over and over. Their handwritten letters, full of raw emotion and beauty, revealed an aliveness and tenderness that overwhelmed me. They shared with me deeply personal musings, some pages long, inspired by their need to speak to their deceased mother, distant father, God, or themselves. They spoke from their hearts and simply said what needed to be said, at long last.

What an honor to witness their processes. Thank you Camille, Marti, Deena, Matt, Addison, Miriam, Raina, Wendy, Allison, Jo, and the others for reminding me.

Introduction

In the early sixties there was a popular song on the radio I loved listening to on my pink transistor:

I'm gonna sit right down and write myself a letter,
and make believe it came from you.
I'm gonna write words, oh, so sweet,
they're gonna knock me off my feet.
A lot of kisses on the bottom (xxx)
and I'll be glad I got 'em. . . .

It was the first summer I went away to camp. I remember humming that tune a lot, and then I received my very first personal letter, from my father. (It was also the last letter he ever sent, because the telephone took over after that.) I read and reread that letter, written in his beautiful handwriting. He opened with *My Dearest Sweetheart*, confessed *how terribly I miss you*, and closed with, *I love you, Dad*. It was perfect. I folded it up and saved it, going on thirty-six years, so far.

Most of us have a special handwritten letter tucked away somewhere. Usually yellow and crinkly with age, these intimate relics preserve entire slices of our lives. Personal letters are the first things we open when we bring in the mail. They reflect our struggles and celebrate our joys. They have been known to define and end some of our most important relationships. No wonder letter writing carries such emotional baggage. It's a heavy responsibility to put pen to paper and pour out your heart. It requires an honesty and courage we rarely devote to daily tasks.

But letter writing gives a lot back in return. It helps you finish the unfinished business of your life. It's a place to open yourself up to heal old wounds; a place to say all the things you've never been able to say, to get them off your chest and settle the score, once and for all. From the savory to the salacious, from the sanctimonious to the righteous, letter writing is your key to finding out who you truly are. It will turn down the background noise, clear out the emotional debris, and cut through the chaos. Sharpen your pencil. You'll feel much better.

Unwritten Letters is a handbook that helps you write a variety of uniquely personal letters, *letters you are not expected to mail!* Filled with guidelines, incentives, valuable tips, and lots of paper to write on, this handbook will teach you to reflect on and rejoice in the raw material of your life. Here is a rich treasure chest ready to mine, explore, and, most importantly, to write in.

The letters you write are ultimately between you and you. You'll find writing "prompts" that stimulate and encourage you to write to people, places, and even things in the same familiar letter-writing format you've used in the past: a salutation at the top and a signature at the bottom. A familiar *Dear Mom* or *My Dearest Darling* may start you out, but that's where the similarity ends. Again, these letters are not meant to be mailed! So you can write without compromise or judgment.

This is a safe and private place to write in, where nothing needs to be censored. Let your imagination run wild. Take time to have a long-overdue conversation with yourself about what really matters. Use the many lined writing pages and letter prompts to tell it like it is; if you run out of space on a particular page, there are more blank pages at the back of the book to hold your thoughts and feelings. Just write from your heart, and you are on your way: *Okay, Mr. Adler, you may not want to hear this, but I think you are a really big jerk; Dear Angie, I did lie to you and I'm finally ready to admit it.* Once you put down the words, feel free to tear your letter out of the book, rip it up, burn it in the fireplace or some bowl dedicated especially to the cause, or bury it out in the back yard. Every once in a while, if you feel compelled, mail your letter. And of course, you may save "choice" letters as keep-sakes inside your book, to refer to in the future when you want to look back to see how far you've come.

How Does It Work?

Take a moment and consider someone you need to speak your mind to. Close your eyes and say, "I'm going to get this off my chest once and for all." Feel the way these words resonate in your body. Does your heart speed up? Do you breathe a little deeper? Do you feel an inkling of relief? Just thinking about the possibility of letting go is powerful medicine. And when you actually take pen in hand, the results are mind-boggling.

If this sounds overwhelming, rest assured you may begin very simply. Try writing a thank-you note to, say, the teacher or coach who once tuned in to your talent and inspired you to do your best. You can then slide into a tell-it-like-it-is blast at some pain-in-the-butt boss you wanted to chew out years ago. A long-over-due apology to that memorable lover might be an encore, and then an *I love you* to someone you've overlooked, to tie up the loose ends. As you practice, more hidden unfinished business will reveal itself, and you will look forward to clearing away the clutter that keeps your best self under wraps.

The simple act of writing a letter to a specific person, problem, or inanimate object opens the floodgates of backlogged confusion and unresolved emotions. It helps clarify the way you feel and, in so doing, can change your relationship with yourself and your world. Writing to a child you miscarried will soften the brittleness of that unresolved loss. Writing to a difficult illness, a crisis, or even a miraculous sunset will heal and renew your sense of self. Writing to that irascible young man or woman you once were will reconnect you with parts of yourself you've buried. Sort through your inner file drawers. Lay your cards on the table. And put the memory to rest.

Some Real-life Examples

Recently, while digging through some dusty boxes in my garage, I came across a report I wrote way back in fifth grade. My teacher's name was Mrs. Warder. As I read her evaluation of

The Story Of Coal, my hundred-page treatise on fossil fuels, I realized this woman had made a huge difference in my life. I got the urge to write her a short thank-you:

Hi, Mrs. Warder,

Thank you so much for putting all the chairs in a circle the first day of school. The moment I walked into your classroom, my life changed forever. Really! I thought straight lines were it, but here was a perfect circle. And then, when you suggested we speak out when we thought we had something important to say, instead of raising our hands and waiting to be called on . . . that was too much! What freedom! Thank you for giving all of us kids the kind of respect we never knew we deserved.

Sincerely,

Ilene Segalove

It is never too late to acknowledge someone, either for making a difference or simply to say hello. I recently wrote a few words to my long-gone favorite dog, Sam. Just opening with "Dear Mr. Mule-a-vitch" (he resembled a mule in his old age) filled me with delight and replenished my still-mourning heart. Writing letters of joy to honor loved ones, experiences, or even things are powerful ways to connect with your biggest self. Why not write to the Big Dipper for filling your sky with beauty, to God for a million reasons, or to the Grand Canyon for—well, for just being there?

So many celebrations, simple joys, and I-love-yous rattle around in our brains, unspoken and unwritten. My high school girlfriend recently wrote this letter to her grandmother after she passed away:

Dearest Ladybug,

Can you ever know what your strong and constant love means to me? I don't know if you ever knew the depth of my fears, as I grew up, and the power of your healing presence, which was always there. You were that one person in the world who believed I was worth loving. I knew if I ever fell I could go to you and you would take me in.

Grandmother, I can never repay you for the life you have given me. But I can promise that I will keep looking for that ray of sunlight spilling through the window that you always pointed out when I was sad, and I will continue to choose goodness in this life—as you did.

My love to you always,

Sharyne

And, of course, there is the other side to love, an example of a letter from a woman written to a lover who betrayed her by running off with her best friend. She claims she wrote and rewrote it twenty times and finally did mail it. "The first ten were scathing, hideous, anger and disappointment," she said. "I took risks, I exorcised myself. I knew no one would see what I wrote, and I was entitled to go for it. It wasn't all true stuff; some was overblown. But I got to give my feelings a voice. They stuck in my throat when I tried to actually say them to him. I felt safe with the paper. I felt contained. The letter was in my possession, I wasn't possessed by it. So I just wrote and wrote and I owned those feelings and the words flowed and I got everything off my chest, out of my heart, into the world. I chose to mail the letter. But it wasn't really for him. It was for me."

R,

I am struggling to get to a place of forgiveness, but it is so difficult. A part of me hates you for what you did. Can you ever understand that you shattered my life, my trust? Probably not. You are so selfish, so wounded. And there I was, trying to heal you when you couldn't even see yourself, let alone heal yourself. I don't know why I can't let go of my hatred toward you. It contaminates me on a daily basis. My life is actually better without you. But every few days a choking black cloud descends and I want to kill you, obliterate you from the earth. Someday perhaps I'll be able to forgive you. And yet I still hold this secret silent dream that you will crawl back to me and ask for forgiveness.

You will never crawl back, and we will never again be friends. I will work toward learning how to walk in your shoes to carry your wounds so I can understand. Until then, I can only wail and weep and feel such deep rage and anger. I need to send this to you. It is the only weapon I have.

Never again,

A

Why Longhand?

Over the last hundred years, telegrams, telephones, and now of course faxes and E-mail have usurped the place of the personal letter. Today we blast messages to cohorts in a blink. Handwriting has become almost extinct. Even love letters find themselves electronically cloaked. A long-distance romance of mine used to fax me tomes in a font that mimicked his own handwriting. I begged him to write me one letter by hand. He complained he was out of practice. I asked him to suffer just a little, so I could savor the sassy way he dotted his *i*'s.

There is something terribly intimate about seeing someone's

handwriting. Signatures of my loved ones are permanently etched in my mind. Each time I look at my grandmother's shaky *Ma* at the end of her letters or my mother's tiny *tear it* at the bottom of each note (to make sure nobody else ever sees it) or my old boyfriend Ricky's psychedelic scrawl, I am flooded with memories. Handwriting is intimate.

How do you feel about your own handwriting? Who told you your writing was sloppy? Was it really? Have you intentionally tried to change your signature for any reason? Face it, handwriting is a mysterious and potent force in our lives.

Writing by hand helps slow us down; and in that shift, we take a breath—ahhhh—strip away a few layers of daily routine, and rediscover our ancient brain, home to some of our deepest feelings and creativity. So when you write your letters, try it longhand. Scribbling and scrawling somehow pulls out personal truths like a powerful magnet. And remember, this is not a test. You do not have to use your very best penmanship, spell properly, write in complete sentences, or include punctuation. You have permission to use huge exclamation points, write much too big, or even go off the page. The idea is to rant and rave and whine and moan and hoot and holler. In the process you might surprise yourself as you weave poetic love songs and blow your mind with a brilliance you've retrieved from some silent inner knowing you haven't met yet.

Signing your name at the bottom of your letters is very important. Whether or not you like your penmanship or your namesake, your signature is a permanent stamp of me-ness, like your fingerprints. You may give away your clothes, change mates, houses, or even kids, but your name and your unique handwriting remain.

Resistance

I recently suggested that my friend Grant write a letter to his father. As he approached forty, Grant confessed, he was living inside a personal prison, stuck in limbo-land. He thought it might have something to do with the fact that his father had died early in his life and left Grant behind, without being a successful role model for him.

Grant refused to write. "How can I? He's been gone for so long. Anyhow, there are no words for the kind of things I'm feeling." I told Grant about having recently written a note to my grandfather, who passed away in 1966. The letter didn't make any kind of logical sense. I scribbled my thoughts down, just needing to connect. I wanted to tell Papa things I didn't realize way back then, and writing helped me become articulate.

Grant called about two weeks later. He had finally written the letter. He felt numb through the first page, wept through the second, and by the fifth had uncovered all kinds of teachings his father passed down that he had simply forgotten. Resentment turned into gratitude. Grant had dismissed letter writing as trivial and nearly impossible. Now he vows to honor his dad by writing a letter to him each year on the anniversary of his death. Here is a small excerpt:

> Dad,
>
> Where do I go with this letter? My chest is tight and I feel fear and excitement at the thought of doing this. What do I have to say? My first memory of you is the two of us wading in the creek behind our house. We were collecting minnows in a tiny glass jar. I held your hand and felt safe in the water. My memory of this is like some dream. You were King Arthur and I was your trusted and beloved Sir Lancelot . . .
>
> The last time I saw you, you were lying unconscious in a hospital bed. You had tubes in your arms, and your hair had turned from jet black to pure white, seemingly overnight.
>
> Dad, what happened? Why did you leave the kingdom

and fall into darkness, leaving me to look for the Holy Grail all by myself? What demons did you face that drained your life? Why did you leave me here to face them alone? I am so angry that your idealism was compromised by circumstances of the material world.

I'm going to carry on, Dad, no matter what. I felt numb when they told me you died but I've woken up since. I have stopped crying as I proudly sign my name. I love you.

Your son,

Grant

Grant had the courage to enter an unknown internal landscape laden with emotional land mines he had tiptoed around for so many years. The process of carefully defusing them by writing a letter helped him open his relationship with his father anew. "I felt free," he said. "My pen was my weapon. It cut through my terror. The writing part was like talking out loud to my dad without feeling self-conscious or crazy. And the paper seemed to absorb all the heaviness of my heart."

When to Write

You may wonder when it is time to write a letter. Write when you are emotionally hurting, feeling creative, aware there is a specific person, place, or thing that needs attending to, or write on a regular basis, as a kind of ritual. Sometimes I find myself bombarded by a word or phrase rolling around my brain, over and over again, and I am moved to write. I have to pull it out and put it down.

Recently, while munching on a stick of gum, I heard a familiar saying reverberating in the back of my mind. "If *you* want gum *you* ask for it. Don't use *me* as an excuse." It was my older sister's singsong voice, echoing through a time warp. I took this experience as a cue to write her a letter, though I felt uneasy and unusually vulnerable.

Dear Cher,

Who are you really? I know we are sisters, but I've never felt like we were from the same family. I wonder why. I used to love watching you twist your French roll into shape, notched down perfectly, sprayed to last. I loved your ability to choose just the right scatter pin for your red sheath.

You were an education to me in being a grown-up girl, and I reacted by becoming a tomboy. But today I feel somewhat ashamed when I am with you. I apologize for being so withholding. I just can't seem to look you in the eye. I can't connect. What is it between us that cannot be said?

These words do not assuage my mysterious guilt. Somehow they dispel the dishonesty of not speaking with you directly, but the weight of not being true with you really hurts. Maybe you can help here?

Love,

Larnie

I realize I need to write her many more times to discover our missing link. I must admit, what's been left unspoken and unwritten between us scares me a little. Some letters don't bring instant relief. They require repeated forays into areas of discomfort. Remember, the letters in this book aren't required to be perfect psychological solutions, verbal indictments, or poetic resolutions. The intention is to open yourself up. To you. The process is the payoff. Your words are simply the link, your ticket to realms of inner knowing and understanding.

The Payoff

Ulysses, the hero of the *Odyssey*, was busy on his journey until pulled off course by the sweet seductive sounds of the singing sirens. Captured on an island inside of his own desire, he had a chance to review what really was important to him in his life.

Invisible muses have moved minds throughout history to record words that touch our very souls. *Unwritten Letters* asks you to call on your own sirens and muses to help you out. Your personal sirens will gift you with the tenacity and devotion you need to take the plunge. Your charming muses will give you the courage and inspiration to embrace areas of your inner world you haven't dared enter . . . yet.

So I invite you to "sit right down and write yourself a letter." Cultivate a connection with *all* of yourself and the many people, places, and things that have touched you in this lifetime. When you've lost your bearings and feel stale or confused, when there's a lump in your throat, when tears of joy or sorrow fill your eyes, when a relationship is festering or you've just had a lousy day— simply take pen or pencil in hand and navigate the waters.

Dip into these pages for ideas and support. Choose the suggestions and writing prompts that speak to you today. Identify the who or what you need to address and trust that, as you write, your attitude will shift. You'll lighten up. You'll reclaim yourself. Ultimately nothing is forgotten, so why not scour your soul and tie up all those loose ends? Discover the rich emotional and spiritual landscape you call yourself.

I'm gonna smile and say I hope you're feelin' better
and close with love, the way you do.
I'm gonna sit right down and write myself a letter
and make believe it came from you.

Guidelines for Writing Your Letters

Before you begin, there are three things to remember:

1. Speak your mind. Each person or thing you write to is really a fictional recipient of your heartfelt words. This is the inspiration for your writing. Choose anyone who gets your juices flowing. It can be the telephone solicitor who drives you crazy or the high school coach who changed your life. It can also be any creature or anything from the dog you loved so deeply to a spectacular sunset that moved you to tears of joy. Don't forget, these letters need not be sent, so speak your mind!

2. Sign your name. It's important to sign your name at the end of every letter. Use a nickname, initials, anything that represents "you." It will give closure, even to seemingly unresolved issues. It is an assertion that you stand by your words, at least for the moment. It is a significant act of self-affirmation.

3. Your letter need *not* be mailed. The process of writing is the most important part of this experience. The payoff is a sense of relief and even peace. The letters themselves are just the tangible results.

And, when you are finished:

- Congratulate yourself. This isn't always easy.
- Read your letter out loud, if you dare (it's an act of ownership).
- Rip it out of your book. Tear it up. Toss it out.
- Fold it up and put it in a stamped envelope and address it to yourself. Then give it to a friend to mail to you in six months for future revelations.
- Collect your letters, stuff them in some kind of container, and bury it in your back yard, like a time capsule.
- Burn your letters in the fireplace or barbecue.

- Collect the ashes. Spread the ashes. Forget the ashes.
- Save your letters in your book, like a keepsake or diary.
- Only mail a letter if it makes sense to do it.

HOW TO START

There are a number of easy ways to use this book. Feel free to change your approach from day to day.

Right Off the Top of Your Head

- What unfinished business do you have in your life right now?
- With whom do you need to finish it?
- What do you want to say?

Think about any unfinished business you may have in your life right this second. It can revolve around issues of love, work, family, or beyond. Got something to say to your boss? Wish you'd told your sister how you really felt? Are you angry at yourself? If you get stuck and can't identify anyone in particular, just think of a family member. You'll be on your way.

Take a few moments to think. Somebody has probably already popped into your head. Now consider what you really need to say. Remember, you won't be mailing the letter, so anything goes.

Finally, flip through *Unwritten Letters* and let it help you speak your mind. One of the writing prompts will catch your eye. You will know the right one the minute you spot it. Start writing!

Choose a Theme

Leaf through the nine chapter titles on the contents page and choose a theme that speaks to you. Today it might be CONFESSION. Tomorrow it might be THANK YOU. It all depends on how you are feeling when you sit down.

Go to the chapter and read the writing prompts at the top of each page. Select a first line that stimulates and inspires.

Determine who the letter should go to, and write away!

Quick Entry

Refer to the following list of juicy first lines and get going. You'll know right away who you want to write to. Now dive in and start writing!

1. You piss me off, you lousy . . . *or*
   I am so furious at you . . .
2. I am terribly disappointed that . . . *or*
   You broke my heart . . .
3. Please forgive me for . . . *or*
   I'm sorry for all the horrible things I did . . .
4. Thank you for being in my life . . . *or*
   Thank you for always believing in me . . .
5. You betrayed me . . .
6. This needs to be said once and for all . . . *or*
   I must confess, this is what really happened . . .
7. I wish I had told you I loved you . . .
8. It's over. Let's just call it quits . . .
9. I admit it, I lied to you . . .
10. What is going on? Please help me understand . . .
11. I regret I can't take back what I said . . .
12. You've been on my mind a lot lately . . .

YOUR MASTER LAUNDRY LIST

Create a master list of people and things to whom you want to write. Use the blank pages at the end of the book. The following list—PEOPLE, BIG STUFF, and YOU—will help trigger your mind to action. Include everyone and everything that tickles your fancy or gets your goat. Find a focus for your love and wrath.

- When you get the urge to write, refer to your laundry list and see who pops out at you.
- Go to the contents page, identify the theme of the day, find your writing prompt, and write your letter.

For example, you may be feeling a little uneasy today. You sit down and look through your master list and see your old friend's name in the lineup. Her name gives you a good feeling. You realize she has made a huge difference in your life, and you really want to say thank you. You move right into the THANK YOU chapter, choose a writing prompt, and start writing.

People

- People you have a *disagreement with or are really angry at:* your landlord, boss, supervisor, lawyer, family members, close friends, yourself
- People you wish you had *thanked* but didn't, or not as well as you'd have liked: your piano teacher, swim coach, first grade pal, the stranger who found your wallet, your grandfather, yourself
- People who have made your life a *disappointment:* the girl or guy who dumped you, the one who never called back, your parents, yourself
- People to whom you want to *confess or apologize:* your ex-wife, your father, your child, yourself

Family
Your parents
Your adopted parents
Your stepparents
Your grandparents
Your ancestors
Your in-laws
Your siblings
Your cousins, aunts, uncles, down the line
Your pets

Friends
Your "best" friend
Your childhood friend

The friend you talk to most on the phone
Your former boyfriend or girlfriend
The friend who isn't

Acquaintances
Your landlord
Your neighbor
Your accountant/lawyer/doctor/dentist
Your co-workers, boss, or employees
Your kid's teachers or coaches
Your best friend's husband or wife
Your gardener
Your therapist
Your cohorts at the gym, classes, temple, church

Strangers
The jerk who cut you off on the freeway
The cashier who wouldn't change your dollar
The meter maid
The highway patrol, local cops, sheriff
The solicitor or fund-raiser, on the phone to you *again*
Homeless people
A certain waiter or waitress
Your congressman, mayor, governor, other political folks

Heroes
Parents
Teachers
Movie or TV characters
Writers, musicians, actors
Characters in stories: Peter Pan, Don Juan, Scarlett O'Hara
Gandhi, Frank Zappa, Gloria Steinem
Anyone who has changed your life

Enemies
Your family
Your exes
Political adversaries
Your boss
Your competitors
Whoever stands in the way of your growth and happiness

Big Stuff
Turning Points/Crises/Problems
Marriage
Divorce
Death of a loved one
Illness
Accident
Winning the lottery
Career breakthrough
Financial ruin

Institutions
IRS
Government
Church
Insurance companies
TV
Advertising
Police
CIA/FBI
Political parties

The Big Picture
God
The universe

Animals
Places that have inspired or influenced you
Nature
Holidays
Time
Death

You
Dear Stubborn Resister . . .
Dear Fearful Perfectionist . . .
Dear Urgent Compulsive . . .
Dear [body part or scars] . . .
Dear Aging Self . . .
Dear Young Woman or Young Man I Once Was . . .

HOW TO WRITE YOUR LETTERS

Once you choose your subject matter, there are a lot of ways to do your writing. Here are a few:

- Close your eyes and write. So what if your words go off the paper?
- Put your pen to the paper and don't pick it up. Just swirl your words and paragraphs together and lift your pen only after you sign your name at the end.
- Use a pencil, for a change, and experience the difference in texture and flow.
- Say the words out loud as you write them. Shout them if you must.
- Write like a banshee, fast and furious.
- Write so slowly it hurts.
- Set a time limitation on your alarm clock and stop when the bell rings.
- Write in bed. Write by the light of the moon. Write at the beach.

- Write in the tub.
- Write with your nondominant hand. Write as if you are telling someone special your story.
- Use a photograph of the recipient to spark your imagination.

DON'T FORGET

This is not a test.

There are no deadlines.

There are no grades.

Write longhand.

Don't try to make sense.

Proofreading is unnecessary.

Forget how it looks.

Do not censor your words.

Grammar is not an issue.

Don't cross your *t*'s if you don't feel like it.

One sentence is fine.

Keep writing, especially if you get the urge to stop.

Erasing is unnecessary; just cross it out.

Form is not important.

Use lots of exclamation points, dashes, punctuation—or none at all.

Spell-check does not exist.

No need to start with formal salutations, but you can.

No need to end with "Yours truly," but you can.

This is not therapy; you don't have to interpret your words.

Just write.

Why Write These Letters Anyhow?

- **Relief:** Getting words and feelings off your chest makes you feel better.
- **Closure**: Say what needs to be said and move past old conflicts and misunderstandings.

- **Remembering**: Trigger your memory and dig up pieces from the past that need to be reviewed and released.
- **Growth**: Take personal responsibility for your actions and grow a little.
- **Change**: Move from resentment to gratitude.
- **Joy:** Personal expression and creativity flourish when you write, filling you with a sense of aliveness and vitality.
- **Connection**: Get in touch with cut-off parts of your self.
- **Clarification**: Eliminate the background sounds that distract you and clear out the piles of unfinished business in your life.
- **Peace**: Put your unspoken words and unresolved feelings to bed; you'll rest better.
- **Healing**: Diffuse the stress and worry about an illness or accident.
- **Reclaiming You**: Lighten up and feel your goodness shine through.

Hello
HELLO

Letters of Greeting
and Connection

Some Writing Prompts

You've been on my mind. . . .

I want to tell you . . .

I love you. . . .

I dreamt about you last night and want
to say hello. . . .

You popped into my head today, and . . .

I heard a song on the radio that reminded
me of you. . . .

Possible Recipients

A parent

A long-lost friend

An unborn child

A significant mentor

Your hero

Beauty

Yourself

Hello

Saying hello is a wonderful way to honor someone with your sentiments. It creates an instant linkup between your heart and hers. But sometimes it isn't easy. If time has passed since you've spoken, or if your last contact was less than perfect, it may rekindle old resentments or fears. Your initial inspiration to reach out may turn into "Why bother?" or "Why doesn't *he* make the effort?" And saying hello to someone for the very first time puts you on the spot. You are leaving yourself open to all kinds of possible responses. What if . . . ?

Take a chance. Nourish yourself with a few more hellos. Connect with someone new or reconnect with someone from the past. You may find yourself feeling a little lighter, a little brighter. And when you really come to think about it, the person you are ultimately saying hello to is you.

——————————————,

You've been on my mind and in my thoughts. ——

———————————————,

*I felt your love surrounding me today and want
to let you know.* _____

_____

_____

_____

_____

_____

_____

_____

_____

_____

_____

_____

_____

_____

_____

_____

_____

_____

_____

———————————,

I haven't heard from you in so long. ———————

———————————————,

I've finally cleaned up my act and am ready to reconnect with you. —————————

———————————— ,

I've resisted making the first move, but after all this time, hello. ————————————

———————————————,

*A*re you still angry with me? ——————————

———————————————————,

I've so looked forward to this moment. Hello again.

———————————————————

———————————————————

———————————————————

———————————————————

———————————————————

———————————————————

———————————————————

———————————————————

———————————————————

———————————————————

———————————————————

———————————————————

———————————————————

———————————————————

———————————————————

———————————————————

———————————————————

———————————————————

———————————————————

———————————————————

———————————————————

_____,

The past is finally behind me, and I am ready to reach out. _____

——————————————— ,

I honor your presence in my life. ———————————

———————————————,

Have I told you lately that I love you? ————————

——————————————,

You popped into my head today. ——————————

———————————,

I heard a song on the radio that reminded me
of you. ————————————

———————————————,

Where have you been all these years? ————————

———————————————————————————
———————————————————————————
———————————————————————————
———————————————————————————
———————————————————————————
———————————————————————————
———————————————————————————
———————————————————————————
———————————————————————————
———————————————————————————
———————————————————————————
———————————————————————————
———————————————————————————
———————————————————————————
———————————————————————————
———————————————————————————
———————————————————————————
———————————————————————————
———————————————————————————
———————————————————————————
———————————————————————————
———————————————————————————
———————————————————————————
———————————————————————————
———————————————————————————

————————————,

I've longed to hear your voice. ——————————

————————————,

It was so great to see you again, I need to reach
out and tell you. ————————————————

————————————————,

So, what's up with you? ———————————————

_____,

Let's stop wasting time and reconnect. _____

_____

_____

_____

_____

_____

_____

_____

_____

_____

_____

_____

_____

_____

_____

_____

_____

_____

_____,

I *mourn the time we've spent apart.* _____

_____

_____

_____

_____

_____

_____

_____

_____

_____

_____

_____

_____

_____

_____

_____

_____

_____

_____

_____ ,

There's so much to talk to you about. _____

_____,

I can't stop thinking about you. _____

———————————————,

You cross my mind so often. ———————————

———————————————————————————————

———————————————————————————————

———————————————————————————————

———————————————————————————————

———————————————————————————————

———————————————————————————————

———————————————————————————————

———————————————————————————————

———————————————————————————————

———————————————————————————————

———————————————————————————————

———————————————————————————————

———————————————————————————————

———————————————————————————————

———————————————————————————————

———————————————————————————————

———————————————————————————————

———————————————————————————————

———————————————————————————————

———————————————————————————————

_____,

I *need you to hear this.* _____

_____

_____

_____

_____

_____

_____

_____

_____

_____

_____

_____

_____

_____

_____

_____

_____

_____

—————————————,

This separation has gone on long enough.
Hello again. ————————————————

———————————————————————

———————————————————————

———————————————————————

———————————————————————

———————————————————————

———————————————————————

———————————————————————

———————————————————————

———————————————————————

———————————————————————

———————————————————————

———————————————————————

———————————————————————

———————————————————————

———————————————————————

THANK YOU

Letters of Acknowledgment and Gratitude

Some Writing Prompts

I never really thanked you enough for . . .

I am so grateful for . . .

You may not know how important it was when you . . .

I am so proud of you. . . .

Did I ever tell you what a great job you did? . . .

I want to celebrate.

Possible Recipients

The ex-husband whose leaving was actually a gift

The coach who recognized your talent

Your grandfather, first-grade pal, spouse, mother

A hero

The doctor who saved your life

Your flute, your running shoes, your sailboat

Yourself

Thank You

Most of us do not say thank you enough. We're too busy. We take things for granted. But there is so much to be thankful for. Our lives revolve around the many gifts, both tangible and intangible, we have received from friends, family, and even strangers.

There is a great sense of connection when you say thank you. It's a simple way to overcome feelings of isolation or separation. We often feel bad when we realize we never acknowledged how someone helped us out in a time of need. We assume it's already too late, so we berate ourselves for our failure. Sometimes we even lose a friend over not saying thank you.

Do it now! Write out all your thank-yous and get back in the flow of life. And remember, "Thank you" means more than "You were thoughtful" or "I appreciate your contribution." It tells people that they count. It lets them know how valuable they are to you. It is a form of quiet praise, a compliment that uplifts the heart. And it feels good to both parties, your recipient and you. Treat yourself with a thank-you today. Say what hasn't been said. Say it before it's too late.

————————————,

I am so grateful for ————————————

———————————,

You *ou may not know how important it was when you* ———————————

————————————————,

I wouldn't be the person I am today if it weren't for you. ————————————————

_____,

It meant so much to me when you _____

——————————————————,

Your presence in my life has been an inspiration.

———————————— ,

Thank you for always coming through for me.

_____,

You have been a safe haven in the chaos of my life.

---,

Thank you so much for your endless encouragement. _____

_____ ,

Thank you for believing in me when others didn't.

———————————————,

*T*hank you for your solid advice. ————————

_____ ,

*T*hank you for recognizing my talents. _____

_____,

I've waited a long time to tell you, but thank you for helping me so much. _____

_____

_____

_____

_____

_____

_____

_____

_____

_____

_____

_____

_____

_____

_____

_____

_____

_____

_____

_____

_____,

I never really thanked you enough for _____

——————————————— ,

I'll never forget how kind you were when _____

————————————————,

It really made a huge difference when you loaned me _____

_____

_____

_____

_____

_____

_____

_____

_____

_____

_____

_____

_____

_____

_____

_____

_____

————————————————,

Did I ever tell you what a great job you did
when you ————————————————————

_____

_____

_____

_____

_____

_____

_____

_____

_____

_____

_____

_____

_____

_____

_____

_____

_____

—————————————,

You are an angel. _____

_____

_____

_____

_____

_____

_____

_____

_____

_____

_____

_____

_____

_____

_____

_____

_____

_____

_____

_____,

Your kind words changed my life. _____

—————————————————,

I want to acknowledge the difference you make in all our lives. _____

_____

_____

_____

_____

_____

_____

_____

_____

_____

_____

_____

_____

_____

_____

_____

_____

_____

_____

————————————————— ,

*T*hank you for taking the time to look in on me
when I was sick. ——————————————————————

————————————————————————————————

————————————————————————————————

————————————————————————————————

————————————————————————————————

————————————————————————————————

—————————————————— – —————————————

————————————————————————————————

————————————————————————————————

————————————————————————————————

————————————————————————————————

————————————————————————————————

————————————————————————————————

————————————————————————————————

————————————————————————————————

————————————————————————————————

————————————————————————————————

——————————————,

*W*hen everyone else wrote me off you actually
bothered to ————————————————————

——————————————,

I am still in awe of how much you helped me.
Thank you. _____

_____

_____

_____

_____

_____

_____

_____

_____

_____

_____

_____

_____

_____

_____

_____

———————————,

*T*hank you for letting me be myself. ——————

_____,

Thank you for loving me no matter what. _____

_____

_____

_____

_____

_____

_____

_____

_____

_____

_____

_____

_____

_____

_____

_____

_____

_____

_____

_____

_____

_____,

*T*hank you for telling me not to quit. _____

———————————————— ,

*T*hank you for being in my life. ——————————

_____,

*T*hanks *for bringing me chicken soup when I was* sick. _____

—————————————————,

*T*hanks for giving me the information I needed.

——————————————,

*T*hanks *for saving my life.* ——————————————

———————————,

How can I repay your kindness? Thank you so much for _____

_____

_____

_____

_____

_____

_____

_____

_____

_____

_____

_____

_____

_____

_____

_____

_____

_____

_____

———————————————,

Thank you for supporting me when I was down.

---------------------------------,

*T*hanks for the memories _____

_____

_____

_____

_____

_____

_____

_____

_____

_____

_____

_____

_____

_____

_____

_____

_____

_____

_____

ANGER

Anger

Letters of Rage and Confrontation

Some Writing Prompts

I am still angry about . . .

You piss me off. . . .

How could you . . . ?

Why can't you just admit . . .

I sacrificed all that time for what? . . .

I am sick and tired of your
    accusations. . . .

Possible Recipients

The boss or supervisor who made
    life rough

Your neighbor

A deceased relative

The IRS

The meter maid

An illness

Yourself

Anger

Anger hurts. Often saying what we feel out loud is simply inappropriate. Rarely does its expression improve communication or solve a problem. Sometimes it makes things worse. But writing letters fueled by anger is another story. Once you put how you feel on paper you can come up for air, take a breath of relief, gain perspective, and see what needs to be done. It is the perfect place to rant, make absolutely no sense, and even act a little ugly. It's your forum to blame, accuse, vent, and blow off steam.

Take this opportunity and let 'er rip. Don't be fair, reasonable, or polite. Use all the exclamation points you want. Say exactly what you need to say. Remember, the paper can take it!

_____ ,

I am tired of you eating up all my time and my energy. _____

_____

_____

_____

_____

_____

_____

_____

_____

_____

_____

_____

_____

_____

_____

_____

_____

_____

_____

—————————————————,

You lying, conniving creep! ————————————

—————————————————————,

Step outside your selfish self and consider some-
one else's feelings for a change. ————————————

—————————————————————,

I am overwhelmed with crippling anger at you for

——————————————,

You piss me off!

—————————————————— ,

I cannot believe you left just like that. ——————

—————————————,

Goddamn you for your cruel behavior. —————

_____,

I am so furious at you for _____

_____

_____

_____

_____

_____

_____

_____

_____

_____

_____

_____

_____

_____

_____

_____

_____

_____

_____

_____

_____

_____,

I *won't tolerate your abuse a second longer.* _____

———————————————— ,

I *hate you for what you did.* ————————

———————————————————————————

———————————————————————————

———————————————————————————

———————————————————————————

———————————————————————————

———————————————————————————

———————————————————————————

———————————————————————————

———————————————————————————

———————————————————————————

———————————————————————————

———————————————————————————

———————————————————————————

———————————————————————————

———————————————————————————

———————————————————————————

———————————————————————————

———————————————————————————

———————————————————————————

———————————————————————————

———————————————————————————

———————————————————————————

—————————————————,

I can never forgive you for ————————————————

—————————————————————————————

—————————————————————————————

—————————————————————————————

—————————————————————————————

—————————————————————————————

—————————————————————————————

—————————————————————————————

—————————————————————————————

—————————————————————————————

—————————————————————————————

—————————————————————————————

—————————————————————————————

—————————————————————————————

—————————————————————————————

—————————————————————————————

—————————————————————————————

—————————————————————————————

—————————————————————————————

———————————— ,

*S*top criticizing me. ————————————

_____,

I *resent how you humiliated me in front of all*
those people. _____

_____

_____

_____

_____

_____

_____

_____

_____

_____

_____

_____

_____

_____

_____

_____

_____

_____

_____

———————————————,

You lied to me, and I am furious. ——————————

_____ ,

 Y ou cheated me out of my childhood, stole my
goodness. _____

_____

_____

_____

_____

_____

_____

_____

_____

_____

_____

_____

_____

_____

_____

_____

_____

_____

_____,

I *can't get over your leaving me.* _____

————————————— ,

It is inexcusable how you treat me! ————————

———————————— ,

It's time I address the damage you've done. ———

—————————————,

I am horrified at how I let you use me. ————

———————————,

I'm tired of making excuses for you. ———————

——————————————————,

Y*ou betrayed me.* ————————————————

————————————————————————

————————————————————————

————————————————————————

————————————————————————

————————————————————————

————————————————————————

————————————————————————

————————————————————————

————————————————————————

————————————————————————

————————————————————————

————————————————————————

————————————————————————

————————————————————————

————————————————————————

————————————————————————

————————————————————————

————————————————————————

————————————————————————

————————————————————————

———————————————,

*Y*our cruelty has turned my world upside down.

————————————— ,

*H*ow could you be so selfish? ————————————

_____,

*I am disgusted at how you manipulate and deceive
all of us.* _____

_____

_____

_____

_____

_____

_____

_____

_____

_____

_____

_____

_____

_____

_____

_____

_____

_____

—————————————————— ,

*H*ere is a piece of my mind. ——————————

——————————————————————

——————————————————————

——————————————————————

——————————————————————

——————————————————————

——————————————————————

——————————————————————

——————————————————————

——————————————————————

——————————————————————

——————————————————————

——————————————————————

——————————————————————

——————————————————————

——————————————————————

——————————————————————

——————————————————————

——————————————————————

——————————————————————

——————————————————————

——————————————————————

——————————————————————

——————————————————————

———————————————,

I've held back long enough. ————————————

———————————————,

I am still angry about ————————————————

_____

_____

_____

_____

_____

_____

_____

_____

_____

_____

_____

_____

_____

_____

_____

_____

_____

_____

_____,

The way you handled our relationship is despicable. _____

—————————————————,

I am warning you, if you continue to —————

—————————————————————————————

—————————————————————————————

—————————————————————————————

—————————————————————————————

—————————————————————————————

—————————————————————————————

—————————————————————————————

—————————————————————————————

—————————————————————————————

—————————————————————————————

—————————————————————————————

—————————————————————————————

—————————————————————————————

—————————————————————————————

—————————————————————————————

—————————————————————————————

—————————————————————————————

—————————————————————————————

_____,

You will never get away with this! _____

———————————,

If you threaten me one more time, I will _____

_____,

*W*hy did you have to go and die? _____

_____

_____

_____

_____

_____

_____

_____

_____

_____

_____

_____

_____

_____

_____

_____

_____

_____

_____

_____

—————————————————— ,

I sacrificed all that time—for what? ————————

DISAPPOINTMENT

Letters of Sadness
and Loss

Some Writing Prompts
When you left me I could barely get
up in the morning. . . .
Why didn't you call me back? . . .
You broke my heart. . . .
I feel so alone and lost. . . .
I'm really disappointed about . . .
I am so hurt by your selfishness. . . .

Possible Recipients
The girl who dumped you
The guy who made false promises
Your husband
The world for letting you down
Your parent(s) who died
Violence
Yourself

Disappointment

Disappointments make us sad. We may swallow our pain, but disappointments tend to linger inside and can make our lives lose its luster. When things don't turn out how we wish they would, we often feel resentful. We may become uninspired, even numb.

Identifying your disappointment helps you transform feelings of loss and despair into newfound strength. There's plenty of room on the page to spill out your heart. Whine and wail if you must. Move your frustration onto the paper. Align with your best self. Lick your wounds and revel in the deep serenity and the vitality that come from speaking your truth.

———————————— ,

*W*hy didn't you tell me what was really going on?

————————————————,

I'll never be able to fill the hole you made. ————

_____,

The huge feeling of loss I experienced when you

_____

_____

_____

_____

_____

_____

_____

_____

_____

_____

_____

_____

_____

_____

_____

_____

_____

_____

_____

———————————,

When you finally told me the truth about that situation, I was _____

_____

_____

_____

_____

_____

_____

_____

_____

_____

_____

_____

_____

_____

_____

_____

_____

_____

_____

————————————————,

*W*hen you left me I could barely get up in the morning. ————————————————

_____,

Why didn't you call me back? _____

———————————,

My *heart was broken and I don't know what to* *say, but I must* _____

_____

_____

_____

_____

_____

_____

_____

_____

_____

_____

_____

_____

_____

_____

_____

_____

_____

————————————————,

*T*his is terribly difficult for me. ————————————

——————————————,

*I feel a deep sadness brewing inside, and I must
tell you* ——————————————————

——————————————————————————

——————————————————————————

——————————————————————————

——————————————————————————

——————————————————————————

——————————————————————————

——————————————————————————

——————————————————————————

——————————————————————————

——————————————————————————

——————————————————————————

——————————————————————————

——————————————————————————

——————————————————————————

——————————————————————————

——————————————————————————

——————————————————————————

——————————————————————————

_____,

I feel so alone and so lost. _____

_____,

I am deeply disappointed about _____

_____

_____

_____

_____

_____

_____

_____

_____

_____

_____

_____

_____

_____

_____

_____

_____

_____

——————————————,

I cannot forget how selfish you were when you

———————————,

*Y*our total disregard for my feelings crushed me.

_____,

I wish you had told me you loved me at least once before _____

_____

_____

_____

_____

_____

_____

_____

_____

_____

_____

_____

_____

_____

_____

_____

_____

_____

_____

_____

_____

_____

—————————————,

I *am so grieved by all the years we've been estranged.*

—————————————————— ,

I am saddened that I didn't say what I needed to years ago. ————————————————————

—————————————————————————————

—————————————————————————————

—————————————————————————————

—————————————————————————————

—————————————————————————————

—————————————————————————————

—————————————————————————————

—————————————————————————————

—————————————————————————————

—————————————————————————————

—————————————————————————————

—————————————————————————————

—————————————————————————————

—————————————————————————————

—————————————————————————————

—————————————————————————————

—————————————————————————————

—————————————————————————————

—————————————————————————————

—————————————————————————————

—————————————————————————————

—————————————————,

Y*ou hurt me so much when you* ——————————

_____,

When you weren't there for me I felt _____

_____

_____

_____

_____

_____

_____

_____

_____

_____

_____

_____

_____

_____

_____

_____

_____

_____

———————————————,

I am disappointed we didn't get to know one another better.

_____,

*I am grieved you died before I could tell you how
I really felt.* _____

_____

_____

_____

_____

_____

_____

_____

_____

_____

_____

_____

_____

_____

_____

———————————,

*W*hy *have you forsaken me?* ————————

————————————————,

I am so deeply saddened that this isn't working out, but _____

_____

_____

_____

_____

_____

_____

_____

_____

_____

_____

_____

_____

_____

_____

_____

_____

———————————————,

*Y*ou broke my heart. —————————————————

———————————,

You lost my trust. ———————————

—————————————————,

I wish you could have said thank you more. ————

—————————————————————————

—————————————————————————

—————————————————————————

—————————————————————————

—————————————————————————

—————————————————————————

—————————————————————————

—————————————————————————

—————————————————————————

—————————————————————————

—————————————————————————

—————————————————————————

—————————————————————————

—————————————————————————

—————————————————————————

—————————————————————————

—————————————————————————

—————————————————————————

—————————————————————————

—————————————————————————

_____,

It hurt me so much when you _____

———————————————————,

I can't stop crying over ————————————————

CONFESSION

Letters of Admission and Catharsis

Some Writing Prompts

I need to clarify what really happened. . . .
The secret I couldn't tell you was . . .
I need to unburden myself by revealing . . .
I admit I lied to you. . . .
I've held this in for too long. . . .
I need to confide in you. . . .

Possible Recipients

An ex-lover
Your oldest friend
Your parent(s)
God
A pet
Yourself

Confession

Most of us don't like to admit we may have a confession or two to make. It implies we've lied, been two-faced, been unethical. It's an admission of guilt, and it feels lousy. Once we accept that it's only human to make mistakes, we may step out of the darkness into a place of clarity and personal growth.

Telling your story brings relief. "Ah, now I can breathe again!" A great burden is lifted by spilling the beans. Letters of confession cultivate sanity and well-being, at long last. Years of holding on to our own misgivings create shame and stagnation. Clear the slate. Give yourself a break. Put it on paper and take yourself off the hook once and for all.

_____,

I've held this in for too long. _____

_____

_____

_____

_____

_____

_____

_____

_____

_____

_____

_____

_____

_____

_____

_____

_____

_____

———————————,

I want to clear the air. Let's admit our mistakes and move on. ————————————————

————————————,

I wish you were still alive so I could finally tell you _____

_____

_____

_____

_____

_____

_____

_____

_____

_____

_____

_____

_____

_____

_____

_____

_____

_____

———————————————,

I long for another chance. ————————————

—————————————,

I've hidden so much from you. Here is the story.

_____ ,

What I meant to say was _____

_____

_____

_____

_____

_____

_____

_____

_____

_____

_____

_____

_____

_____

_____

_____

_____

_____

_____

_____

———————————————,

My chest is tight with fear about what I have to tell you. _____

_____

_____

_____

_____

_____

_____

_____

_____

_____

_____

_____

_____

_____

_____

_____

_____

_____

_____

_____,

My guilt is overflowing. I need to let you know

_____

_____

_____

_____

_____

_____

_____

_____

_____

_____

_____

_____

_____

_____

_____

_____

_____

_____

_____

_____

———————————— ,

It's difficult to tell you this, but I cannot continue to ————————————

_____

_____

_____

_____

_____

_____

_____

_____

_____

_____

_____

_____

_____

_____

_____

_____

_____

_____,

I *need to confide in you.* _____

_____

_____

_____

_____

_____

_____

_____

_____

_____

_____

_____

_____

_____

_____

_____

_____

_____

_____

_____

—————————————,

I must confess, I don't love you anymore. ————

————————————————,

*W*hat really happened was ———————————————

———————————————————————————————

———————————————————————————————

———————————————————————————————

———————————————————————————————

———————————————————————————————

———————————————————————————————

———————————————————————————————

———————————————————————————————

———————————————————————————————

———————————————————————————————

———————————————————————————————

———————————————————————————————

———————————————————————————————

———————————————————————————————

———————————————————————————————

———————————————————————————————

———————————————————————————————

———————————————————————————————

———————————————————————————————

———————————————————————————————

———————————,

The secret I couldn't tell you was ——————

————————————————————

————————————————————

————————————————————

————————————————————

————————————————————

————————————————————

————————————————————

————————————————————

————————————————————

————————————————————

————————————————————

————————————————————

————————————————————

————————————————————

————————————————————

————————————————————

————————————————————

—————————————,

*T*he real truth is ————————————————

———————————,

*H*ere's *what I really think of you.* ———————

_____

_____,

I haven't had the courage to tell you _____

———————————,

*I*t's been a long time, and I'm finally able to
confess _____

_____

_____

_____

_____

_____

_____

_____

_____

_____

_____

_____

_____

_____

_____

_____

_____

_____

_____

————————————————,

I cannot live another day without you. ————

—————————————————,

I hope this won't ruin our friendship, but I must tell you ——————————————————

————————————————————————————

————————————————————————————

————————————————————————————

————————————————————————————

————————————————————————————

————————————————————————————

————————————————————————————

————————————————————————————

————————————————————————————

————————————————————————————

————————————————————————————

————————————————————————————

————————————————————————————

————————————————————————————

————————————————————————————

————————————————————————————

————————————————————————————

———————————————————,

If only I could undue the past, I would ————————

———————————————————————

———————————————————————

———————————————————————

———————————————————————

———————————————————————

———————————————————————

———————————————————————

———————————————————————

———————————————————————

———————————————————————

———————————————————————

———————————————————————

———————————————————————

———————————————————————

———————————————————————

———————————————————————

———————————————————————

_____,

*L*et me explain in detail everything that really
happened. _____

_____

_____

_____

_____

_____

_____

_____

_____

_____

_____

_____

_____

_____

_____

_____

_____

_____

_____

_____

———————————————————,

*L*et me tell you my side of the story. ——————————

_____ ,

I have carried this sorrow in my heart for too long. I must share it with you. _____

_____

_____

_____

_____

_____

_____

_____

_____

_____

_____

_____

_____

_____

_____

_____

_____

_____

———————————————,

I need to clear up some things between us right now.

————————————,

I *need to tell you how I schemed behind your back.*

——————————————,

If I could do it over again, I would ——————————

Confession

_____ ,

I didn't mean it when I called you all those names.

—————————————,

At last I can be myself and tell you the truth. ———

_____ ,

I wish *I* could have been more sensitive to your
needs. _____

_____

_____

_____

_____

_____

_____

_____

_____

_____

_____

_____

_____

_____

_____

_____

_____

_____

_____

——————————————————— ,

*T*he secret is ———————————————

_____ ,

I'm putting my cards on the table. The truth is ____

_____,

*H*ere are all the things I'd like to undo. _____

_____,

I admit, I did cheat on you. _____

_____

_____

_____

_____

_____

_____

_____

_____

_____

_____

_____

_____

_____

_____

_____

_____

———————————,

I admit it, I lied to you.

_____,

I *need to unburden myself by revealing* _____

_____

_____

_____

_____

_____

_____

_____

_____

_____

_____

_____

_____

_____

_____

_____

_____

_____

_____

Apology

APOLOGY

Letters of Pardon
and Regret

Some Writing Prompts
Please forgive me for . . .

I want to apologize for being such a
 jerk. . . .

I let you down. . . .

I wish I had told you I loved you more. . . .

I am so sorry for being so selfish. . . .

I admit I was wrong when I . . .

I'm sorry I didn't tell you the truth. . . .

Possible Recipients
Your boyfriend

Your sibling

Your parent(s)

People you've hurt

People you have betrayed

A business partner

Your best friend

Yourself

Apology

There are many things to apologize for. We are often inconsiderate and selfish without even knowing it. Unspoken apologies and regrets take up a lot of emotional space. We are deeply affected by the cumulative power of all the things we wish we'd taken responsibility for but, for some reason or another, failed to do so. We worry we won't ever be able to make things right again. We suffer for this, feeling like hostages inside our own confusion and inability to come clean. Often we struggle with a backlog of messy, fractured, or broken relationships that are the result of not saying "I'm sorry."

Writing letters of apology to express our regrets clears the air. It is a healthy healing process. Tell it like it is. Say "I'm sorry" for any hurt, harm, or damage done. Clear out the clutter. You'll be able to rest again, knowing you've made a huge contribution to your own sense of personal dignity and self-respect.

————————————————,

I am sorry for insisting you were wrong. You were right when you said ————————————————

——————————————————————————

——————————————————————————

——————————————————————————

——————————————————————————

——————————————————————————

——————————————————————————

——————————————————————————

——————————————————————————

——————————————————————————

——————————————————————————

——————————————————————————

——————————————————————————

——————————————————————————

——————————————————————————

——————————————————————————

——————————————————————————

——————————————————————————

————————————,

I want to apologize for acting so ugly when ——

_____,

*I want to apologize for being so immature. I wish
I could have been more grown up.* _____

_____

_____

_____

_____

_____

_____

_____

_____

_____

_____

_____

_____

_____

_____

_____

_____

————————————————,

I apologize for being such a jerk. ———————

_____,

Over the years there have been many things I feel
sorry for. _____

_____

_____

_____

_____

_____

_____

_____

_____

_____

_____

_____

_____

_____

_____

_____

_____

_____

_____

_____,

I let you down. _____

_____

_____

_____

_____

_____

_____

_____

_____

_____

_____

_____

_____

_____

_____

_____

_____

_____

_____

_____

_____

———————————————,

I am deeply sorry I was unable to give you what you needed. _____

———————————— ,

I admit I lied to you, and I am so sorry. ————

—————————————,

I made some mistakes I regret. ————————

_____,

I feel awful about how unkind I was. _____

_____

_____

_____

_____

_____

_____

_____

_____

_____

_____

_____

_____

_____

_____

_____

_____

_____

_____

_____

Apology

_____,

I am sorry I abandoned you. _____

———————————————,

I am so sorry I _____

_____

_____

_____

_____

_____

_____

_____

_____

_____

_____

_____

_____

_____

_____

_____

_____

_____

_____

_____

Apology

———————————————,

I *regret I didn't say what needed to be said years*
ago. ————————————————————

_____

_____

_____

_____

_____

_____

_____

_____

_____

_____

_____

_____

_____

_____

_____

_____

——————————————,

I wish I had told you I loved you more often. ——

—————————————————,

I wish I could take back my cruel accusations. ——

——————————————,

I wish I had said ——————————————

————————————————————————

————————————————————————

————————————————————————

————————————————————————

————————————————————————

————————————————————————

————————————————————————

————————————————————————

————————————————————————

————————————————————————

————————————————————————

————————————————————————

————————————————————————

————————————————————————

————————————————————————

————————————————————————

————————————————————————

————————————————————————

———————————————————,

I wish I could have gotten to know you better. ——

———————————————,

I *am so sorry I've been selfish.* ———————————————

—————————————————,

I need to apologize for the huge misunderstanding between us. ————————————————

—————————————————————

—————————————————————

—————————————————————

—————————————————————

—————————————————————

—————————————————————

—————————————————————

—————————————————————

—————————————————————

—————————————————————

—————————————————————

—————————————————————

—————————————————————

—————————————————————

—————————————————————

—————————————————————

—————————————————————

—————————————————————

—————————————————————

_____,

I am willing to take responsibility for the mess I created. _____

—————————————————,

I take full blame for ————————————————————

———————————————————————————————————————

———————————————————————————————————————

———————————————————————————————————————

———————————————————————————————————————

———————————————————————————————————————

———————————————————————————————————————

———————————————————————————————————————

———————————————————————————————————————

———————————————————————————————————————

———————————————————————————————————————

———————————————————————————————————————

———————————————————————————————————————

———————————————————————————————————————

———————————————————————————————————————

———————————————————————————————————————

———————————————————————————————————————

———————————————————————————————————————

———————————————————————————————————————

———————————————————————————————————————

———————————————————————————————————————

——————————————— ,

I *am sorry I made you suffer for so long.* ———

———————————— ,

I am truly sorry for my part in ————————————

_____

_____

_____

_____

_____

_____

_____

_____

_____

_____

_____

_____

_____

_____

_____

_____

_____

_____

_____

_____,

I hope I can undo some of the pain of the past by
telling you _____

_____

_____

_____

_____

_____

_____

_____

_____

_____

_____

_____

_____

_____

_____

_____

_____

_____

_____

_____,

I wish we could have _____

_____

_____

_____

_____

_____

_____

_____

_____

_____

_____

_____

_____

_____

_____

_____

_____

_____

—————————————————,

I am sorry I left you like that. _____

Apology

_____,

I regret dumping on you all those years. _____

_____,

I wish I could change the past. Is it possible for us to begin again? _____

_____

_____

_____

_____

_____

_____

_____

_____

_____

_____

_____

_____

_____

_____

_____

_____

Forgiveness
FORGIVENESS

Letters of Compassion
and Release

Some Writing Prompts
I ask you to understand . . .
Can you find it in your heart to . . .
I forgive you for . . .
I finally can release the past and . . .
I want us to be friends again. Accept
   my forgiveness for . . .

Possible Recipients
People who have hurt you
Your children
Your parent(s)
The earth
Yourself

Forgiveness

Forgiveness is transformative. It can turn hatred into understanding. It can turn rage into compassion. Writing letters of forgiveness is a profound way of looking at the heart of your pain and letting it go. And letting go is powerful medicine.

Releasing the past and all the injustices you feel you have suffered will give you a sense of freedom and a renewed vitality. Write as many letters of forgiveness as you can. Be generous with your words. When you forgive, you reclaim your wholeness and give yourself the opportunity to live with more joy and inspiration.

———————————————,

I am struggling to get to a place of forgiveness, but it is difficult. ——————————————

——————————————————————

——————————————————————

——————————————————————

——————————————————————

——————————————————————

——————————————————————

——————————————————————

——————————————————————

——————————————————————

——————————————————————

——————————————————————

——————————————————————

——————————————————————

——————————————————————

——————————————————————

——————————————————————

——————————————————————

——————————————————————

——————————————————————

_____,

Growing older has softened my view of the world.

———————————————,

*L*et's forget our mean-spiritedness. ——————————

———————————,

I wish we could take back everything we said that day. ————————————

Forgiveness

_____,_

I *forgive you for* _____

_____,

Can we give our friendship another chance? _____

—————————————,

I beg you to understand ————————————

———————————————,

*C*an you find it in your heart to ———————————

———————————————,

I forgive once and for all. ——————————————

———————————————————————————————

———————————————————————————————

———————————————————————————————

———————————————————————————————

———————————————————————————————

———————————————————————————————

———————————————————————————————

———————————————————————————————

———————————————————————————————

———————————————————————————————

———————————————————————————————

———————————————————————————————

———————————————————————————————

———————————————————————————————

———————————————————————————————

———————————————————————————————

———————————————————————————————

———————————————————————————————

———————————————————————————————

_____ ,

I finally can release the past. _____

———————,

I want us to be friends again. I understand why
you _____

_____

_____

_____

_____

_____

_____

_____

_____

_____

_____

_____

_____

_____

_____

_____

_____

_____

_____

_____

_____

_____

———————————— ,

*I fear we have been strangers too long, but I beg
you to reconsider* ——————————————

———————————— ,

The weight I carry is too much to bear. I forgive you for ————————————

———————————— ,

I need to forgive you for being who you are. ——

_____,

I forgive you completely for what you did to me.

———————————————,

I finally understand why you needed to go. You are forgiven. ————————————————

————————————,

Let's end our years of silence. ————————————

_____ ,

I would do anything to make things right _____

_____

_____

_____

_____

_____

_____

_____

_____

_____

_____

_____

_____

_____

_____

_____

_____

_____

_____

———————————,

*H*ow can we forgive each other? ———————

_____ ,

*F*orgive my behavior as I forgive yours. _____

Forgiveness

_____,

I've borne a grudge long enough. Please forgive me; I forgive you. _____

_____

_____

_____

_____

_____

_____

_____

_____

_____

_____

_____

_____

_____

_____

_____

_____

_____

237

_____,

I *can't seem to forgive you for hurting me.* _____

_____

_____

_____

_____

_____

_____

_____

_____

_____

_____

_____

_____

_____

_____

_____

_____

_____

_____

_____ ,

I am at the end of my rope and need to forgive you to carry on. _____

_____

_____

_____

_____

_____

_____

_____

_____

_____

_____

_____

_____

_____

_____

_____

_____

_____

_____

_____

Guidance
GUIDANCE

Letters Asking for Direction and Clarification

Some Writing Prompts
What do I do now?. . .
Please help me find my way. . . .
I am so alone and afraid. . . .
Why won't you talk to me anymore?. . .
Help me rediscover my purpose. . . .
What is going on?. . .

Possible Recipients
A parent
A mentor
God
Your inner wisdom
A higher power
A friend
Yourself

Guidance

Asking for help may seem like a sign of weakness or failure. It is actually an expression of great courage. To admit you may not know creates space for knowing. Life is change. We constantly need to adapt, redefine ourselves, and develop new perspectives. Old beliefs must fall by the wayside.

Reaching out for instruction, assurance, and guidance gives you a connection with your deepest self and shines a light on your inner knowing. Even if an answer isn't forthcoming, the simple act of opening up to direction—be it from God, the stars, your higher self, an angel guide, or even your parents—will give you solace, clarity, and the tools you need to go on. You will be able to take more risks, knowing full well that to live life fully we all need to ask for help once in a while.

———————————— ,

I need clarity to help me through this time of
great confusion. ————————————————

————————————————————————————————

————————————————————————————————

————————————————————————————————

————————————————————————————————

————————————————————————————————

————————————————————————————————

————————————————————————————————

————————————————————————————————

————————————————————————————————

————————————————————————————————

————————————————————————————————

————————————————————————————————

————————————————————————————————

————————————————————————————————

————————————————————————————————

————————————————————————————————

————————————————————————————————

———————————————— ,

Why *won't you talk to me?* ————————————

————————————————,

I'm losing faith. Give me strength to find my way.

———————————————,

Can you explain what is happening to us? ———

————————————,

Help me understand why I continue to sabotage myself.

—————————————————,

Advise me how to grow enough to handle the difficult changes in my life. ——————————————

————————————————,

I want to open up a dialogue between us. ———

_____

_____

_____

_____

_____

_____

_____

_____

_____

_____

_____

_____

_____

_____

_____

_____

_____

_____

———————— ,

This is too confusing. Help me understand. ————

———————————,

What is the truth in all of this confusion? ———

_____,

I *need clarification from you. Why did you reject*
me? _____

_____

_____

_____

_____

_____

_____

_____

_____

_____

_____

_____

_____

_____

_____

_____

_____

_____

_____

_____

———————————— ,

I feel you are withholding something from me.
What is it? _____

_____

_____

_____

_____

_____

_____

_____

_____

_____

_____

_____

_____

_____

_____

_____

_____

_____

_____

——————————————,

Please help me find my way. ——————————————

——————————,

I am alone and afraid. ——————————

_____,

I have lost my will to live. _____

——————————— ,

I cannot find my inspiration.   ——————————

—————————————,

*H*elp me navigate through this time of confusion.

———————————————,

*W*hy *is this happening to me?* ———————————

———————————————————————————

———————————————————————————

———————————————————————————

———————————————————————————

———————————————————————————

———————————————————————————

———————————————————————————

———————————————————————————

———————————————————————————

———————————————————————————

———————————————————————————

———————————————————————————

———————————————————————————

———————————————————————————

———————————————————————————

———————————————————————————

———————————————————————————

———————————————————————————

———————————————————————————

———————————————————————————

———————————————————————————

———————————————————————————

———————————————————————————

———————————————,

*H*elp me understand why ————————————

———————————— ,

I *am terrified and need reassurance. Show me a sign it will be okay.* ————————————

———————————————————————

———————————————————————

———————————————————————

———————————————————————

———————————————————————

———————————————————————

———————————————————————

———————————————————————

———————————————————————

———————————————————————

———————————————————————

———————————————————————

———————————————————————

———————————————————————

———————————————————————

———————————————————————

———————————————————————

———————————————————————

————————————,

Help me find a way to do what I need to do. ____

———————————— ,

I cannot see the way. Help illuminate my path. ——

_____

_____

_____

_____

_____

_____

_____

_____

_____

_____

_____

_____

_____

_____

_____

_____

———————————,

I *will listen quietly for your guidance.* ————

———————————,

I don't understand. What is going on? ———————

———————————————,

*I am stuck inside a dark moment. Where is the
light?* ————————————————

———————————————————————

———————————————————————

———————————————————————

———————————————————————

———————————————————————

———————————————————————

———————————————————————

———————————————————————

———————————————————————

———————————————————————

———————————————————————

———————————————————————

———————————————————————

———————————————————————

———————————————————————

———————————————————————

———————————————————————

_____ ,

*W*hat do I do now? _____

_____

_____

_____

_____

_____

_____

_____

_____

_____

_____

_____

_____

_____

_____

_____

_____

_____

_____

_____

_____

_____

_____

_____

—————————————,

Why hy did you desert me in my hour of need? _____

———————————,

Is there something I should know about? ————

_____

_____

_____

_____

_____

_____

_____

_____

_____

_____

_____

_____

_____

_____

_____

_____

_____

_____

_____

_____

———————————,

Help me accept what I cannot change. ————

GOOD-BYE

Letters of Completion
and Resolution

Some Writing Prompts

Now it's finally over and I feel . . .
At last I can say these words;
   good-bye. . . .
I am going now, once and for all. . . .
Don't ever call me again. . . .
I wish you well, but it is done. . . .
This isn't healthy. I'm out of here. . . .

Possible Recipients

A lover
An addiction
A geographic place
False hopes
A deceased friend or relative
A part of you you don't like (your fear,
   your greed)

Good-bye

Saying good-bye is scary. There is such finality about it, we avoid it at all costs. We hold on to people and things, from tedious relationships to funky clothes, because saying good-bye seems like a huge loss. We see our familiar world shrinking and feel vulnerable and uneasy.

As painful as it may be, saying good-bye frees us up to make more meaningful hellos. When you close one door you may open another. If you've put a lot of important good-byes on the back burner, take care of them today. Finish off what you know is over. Clean out your psychic closet. Stop fooling yourself. Do it. Say good-bye.

And remember, "good-bye" means much more than "it's over." It carries with it the kindness of good riddance, good wishes, God be with you. There is clarity and generosity in these words. You are releasing someone or something, with no ifs, ands, or buts. You'll be amazed at the newfound strength you feel as you speak your truth without making excuses.

———————————————,

I'm going now, once and for all. ———————————

——————————————————— ,

It's time to cut the umbilical cord. ——————————

_____ ,

In order to have closure in our relationship, I have to tell you _____

_____

_____

_____

_____

_____

_____

_____

_____

_____

_____

_____

_____

_____

_____

_____

_____

_____

_____

_____

——————————————————,

I want finally to put all the craziness to rest. ——

——————————————,

*D*on't even think about calling me again. ————

—————————————,

It's time to shut the door on the past. —————————

_____,

I'm walking away from this mess. _____

_____

_____

_____

_____

_____

_____

_____

_____

_____

_____

_____

_____

_____

_____

_____

_____

_____

———————————,

I don't need this anymore. ————————————

————————————————,

*N*ow *it's finally over and I feel* ————————————

_____

_____

_____

_____

_____

_____

_____

_____

_____

_____

_____

_____

_____

_____

_____

_____

_____

_____

—————————————————,

At last I can say these words: good-bye. ———

Good-bye

_____,

I am going now. _____

_____

_____

_____

_____

_____

_____

_____

_____

_____

_____

_____

_____

_____

_____

_____

_____

_____

_____

_____

—————————————————,

Once and for all, good-bye. And thank you. ———

Good-bye

————————————,

You let me down. I must finally say good-bye. ————

————————————,

I want a divorce. ——————————————

Good-bye

——————————————,

I want this to be over. ——————————————

——————————————

——————————————

——————————————

——————————————

——————————————

——————————————

——————————————

——————————————

——————————————

——————————————

——————————————

——————————————

——————————————

——————————————

——————————————

——————————————

——————————————,

I am ending the martyrdom I've been living with for years. ————————————————

————————————————,

It's time to let go. ————————————————

———————————————,

*T*his is best for both of us. ——————————————

——————————————,

*T*hese are my parting words. ——————————

—————————————————,

Good-bye is the kindest thing I can say to you. ——

————————————,

*A*ll things must come to an end. ————————————

———————————————,

I'm not saying good-bye without giving it a fight.

———————————— ,

I wish you well, but it is done. ————————————

_____,

Congratulations! We are finished. _____

————————————,

No more games. ——————————————

_____,

Change is difficult, but staying the same is worse.

—————————————,

I never really said good-bye to you. —————————

_____

_____

_____

_____

_____

_____

_____

_____

_____

_____

_____

_____

_____

_____

_____

_____

_____

_____

_____,

I've had it! Good-bye cruelty, good-bye pain,
good-bye illusion. _____